MY SPANISH SHORT STORIES

SHIKHA MALIK

INDIA • SINGAPORE • MALAYSIA

ISBN

Hardcase 979-8-89929-272-9
Paperback 979-8-89744-884-5

Stories Inside

Dos Mariposas Hadas

Two Fairy Butterflies

Esta es la historia de dos hermanas mariposas que son las hadas se llamadas Bibi y Pipi.

"This is the story of two butterfly sisters who are fairies called Bibi and Pipi."

Bibi y Pipi viven en un bosque muy bonito, dentro de una gran cabaña champiñón roja.

"Bibi and Pipi lives in a very beautiful forest, inside a big red mushroom cottage."

Mariposa Bibi es de color azul y Mariposa Pipi es de color morada.

"Bibi butterfly is of blue color and Pipi butterfly is of purple color."

Bibi y Pipi les encantan el bosque mucho y siempre juegan dentro del bosque.

"Bibi and Pipi loves the forest a lot and they always play inside the forest."

Mariposa Bibi tiene el poder mágico de limpiar y Mariposa Pipi tiene el poder mágico de crecer.

"Bibi butterfly has the magic power to clean and Pipi butterfly has the magic power to grow."

Mariposa Bibi siempre intenta limpiar todo el bosque con su mágica para todos los animales.

"Butterfly Bibi always tries to clean the entire forest with her magic for all the animals."

Mariposa Pipi cultiva pequeñas plantas con su mágica para mantener el bosque siempre verde y lleno de árboles.

"Pipi butterfly grows small plants with her magic to keep the forest green and full of trees."

Bibi and Pipi se despiertan temprano cada mañana y ayudan todos en el bosque.

"Bibi and Pipi wakes up early in the morning and helps everyone in the forest."

Durante la tarde, ellos comparten sobre las cosas que ellos hicieron en el bosque.

"During afternoon, they share about the things they did in the forest."

Ellos hablan sobre las cosas que necesitan trabajar al día siguiente.

They talk about the things they need to work on the next day."

Todos los animales del bosque están muy contentos con Bibi y Pipia and las adoran.

"All the animals in the forest are very happy with Bibi and Pipia and adore them."

En la noche, Bibi y Pipi vuelven a su casa y descansan para recibir la hermosa mañana que viene.

"In the night, Bibi and Pipi comes back to their house and rest to welcome the next beautiful morning."

Ayuda a la mariposa a encontrar el camino a su casa

"Help the butterfly with direction to her home"

El día del vuelo de Cesar

"Cesar's flying day"

A Cesar le gusta volar mucho, él quiere ser un piloto un día.

"Cesar likes to fly a lot, he wants to be a pilot one day."

Cada mañana él va a aprender a volar con su maestro en una escuela de vuelo.

"Every morning he goes to learn fly with his teacher in a flying school."

Hoy Cesar está muy emocionado porque hoy es el día del vuelo como piloto.

"Today Cesar is very excited because today is the flying day as pilot."

En la mañana, Cesar se levanta y se prepara. Él va al armario y saca su gorra vuelo.

"In the morning, Cesar gets up and get ready. He goes to the cupboard and takes out his flying cap."

Cesar sale de su casa y siente la brisa fresca en su cara y dice, "¡Qué día tan maravilloso!"

"Cesar leaves his house and feels the cool breeze on his face and says, "What a wonderful day!"

7

Cesar va a la casa de su amigo Poppy y le pregunta, "¿Estás lista para el vuelo?"

"Cesar goes to his friends Poppy's house and asks her, "Are you ready for the flight?"

Poppy dice, Sí estoy pero no tengo gorra vuelo como tú. ¿Cómo iré en el vuelo?

"Poppy says, yes I'm but I don't have a flying cap like you. How will I get on the flight?"

No te preocupes amiga, tengo un regalo para ti. Poppy abrió el regalo y encontró el misma gorra que César.

"Don't worry friend, I have a gift for you. Poppy opened the gift and found the same cap as Caesar."

Poppy está muy feliz con el regalo, ella usa la gorra en su cabeza rápidamente.

"Poppy is very happy with the gift, she wears the cap on her head quickly."

7

Cesar y Poppy están muy emocionados. Ellos se sientan en el avión y vuelan hacia las nubes.

"Cesar y Poppy are very excited. They sit on the plane and fly towards the clouds."

Cesar y Poppy vuelan alto en el cielo. Atraviesan todas las nubes grandes y pequeñas.

"Cesar and Poppy fly high in the sky. They cross all the clouds big and small."

Ellos están disfrutando sus el vuelo. Poppy está tocando las nubes con sus alas.

"They are enjoying their flight. Poppy is touching the clouds with her wings."

Cesar se siente muy orgulloso que finalmente está volando el avión con confianza.

"Cesar feels very proud that he is finally flying the airplane with confidence."

Cuando miran hacia abajo, pueden ver sus casas, el jardín de flores, el bosque y el río.

"When they look down, they can see their houses, the flower garden, the forest and the river."

"Todas las cosas parecen muy pequeñas desde el cielo" Poppy dice.

"All things seems very small from the sky" Poppy says.

"¿Te gustaría decir Hola! a nuestros amigos desde aquí?" Cesar le pregunta a Poppy.

"Would you like to say Hello! To our friends from here?" Cesar asks Poppy."

"Sí mi amigo" Poppy gritó muy fuerte.

"Yes my friend" Poppy screamed very loudly."

Con sonrisas en sus caras, ellos saludan a sus amigos de abajo y juntos gritan, "¡Hola a todos!**"**

"With smile on their faces, they wave to their friends below and together they shout "Hello everyone!"

Poppy dice gracias a Cesar por esta experiencia hermosa.

"Poppy says thanks to Cesar for this beautiful experience."

Hacer las oraciones correcta

"Make the correct sentences"

feliz	**estoy**	**Yo**	
happy	am	I	
☐	☐	☐	
tengo	**un**	**Yo**	**sueño**
Have	a	I	dream
☐	☐	☐	☐
volar	**Yo**	**puedo**	
fly	I	can	
☐	☐	☐	

El Árbol de Navidad de Pablo

"Pablo's christmas tree"

Pablo vive en un pueblo nevado, dónde la navidad es tiempo más emocionante del año.

"Pablo lives in a snowy village, where Christmas is the most exciting time of the year."

La parte favorita de la Navidad de Pablo es decorar el árbol de Navidad.

"Pablo's favorite part of Christmas is to decorate the Christmas tree."

Este año, Pablo quiere decorar el árbol con una estrella grande y brillante.

"This year, Pablo wants to decorate the tree with a big and shiny star."

Él va **al mercado con su madre. En el mercado** él **ve una tienda de decoración muy hermosa.**

"He goes to the market with his mother. In the market he sees a very beautiful decoration store."

Él **entra en la tienda. Hay muchas cosas para decorar.** Él **ve luces, campanas, cintas, bolas de nieve, bolas navideñas y pequeñas cajas de regalo.**

"He enters in the store. Thare are lot's of things for decoration. He sees lights, bells, ribbons, snow globe, Christmas balls and small gift boxes."

Entonces, en la tienda él **ve una estrella de color dorada. Esta brillando mucho.**

"Then, in the store he sees a golden star. It's shining very bright."

Pablo se siente muy feliz, finalmente él **encuentra la estrella para su árbol de Navidad.**

"Pablo feels very happy, finally he finds the star for his Christmas tree."

Él **corre** rápidamente para tomar la estrella en sus manos, pero una niña pequeña **tomó primero la estrella.**

"He runs quickly to take the stars in his hands, but a little girl took the star first."

La niña quiere tener la estrella también. Pablo le dice a niña "Esta es mi estrella, lo estoy comprando. Deja mi estrella."

"The girl wants to have the start too. Pablo says to girl, "This is my star, I am buying it. Leave my star."

La niña empieza a llorar y entonces Pablo le da la Estrella a la niña. La niña está sonriendo ahora.

"The girl starts to cry and then Pablo gives the star to the girl. The girl is smiling now."

La niña dice "muchas gracias, feliz navidad" y sale de la tienda con sus padres.

"The girl says "Thank you very much, Merry Christmas" and leaves the store with her parents.

Al poco tiempo, Pablo sale de la tienda también pero sin la estrella.

"After a while, Pablo leaves the store too but without the star."

Cuando él llega a casa, se siente muy triste, pero su madre lo sorprende con un regalo.

"When he reaches home he feels very sad, but his mother surprises him with a gift."

Pablo abre el regalo y encuentra la misma estrella dorada. Pablo se siente feliz y abraza a su madre.

"Pablo opens the gift and finds the same golden star. Pablo feels happy and he hugs his mother."

Pablo entiende el verdadero significado de la Navidad, que es dar felicidad a todos.

"Pablo understands the true meaning of Christmas, which is to give happiness to everyone."

Escribe las palabras correctamente

"Write the words correctly"

Christmas	N D A V I A D	
Tree	B Á O L R	
Shop	T N E I A D	
Sad	T I S R E T	
Gift	R G A L E O	

Mi Amigo Alienígeno

"My Alien Friend"

Un día tranquilo y soleado Noah está jugando en su casa.

"One quiet sunny day, Noah is playing in his house."

Noah no tiene muchos amigos, él está jugando el futbol solo en su jardín de casa.

"Noah doesn't have much friends, he is playing football alone in his garden at home."

Después de jugar, Noah se siente cansado y se acuesto en el jardín. De repente, él vio algo en cielo.

"After playing, Noah feels tired and lies down in the garden. Suddenly he saw something in the sky."

La cosa en el cielo comenzó a caer en su dirección y finalmente cayó en su jardín.

"The thing in the sky began to fall in his direction and finally fell into his garden."

Noah está muy sorprendido de ver esto. "Es una nave espacial", él dice a mismo.

"Noah is very surprised to see this "It's a spaceship," he says to himself."

Un alíen quien tiene dos ojos rojos y tiene dos antenas en su cabeza viene fuera de la nave espacial.

"An alien who has two red eyes and two antennas on his head comes out of the spaceship."

Alíen dice, " Hola! Me llamo Zippy, mi nave espacial ha roto. ¿Me puedes ayudar?

"Alien says, "Hello! My name is Zippy, my spaceship has broken down. Can you help me?"

Primero, Noah estaba asustado pero entonces Zippy dice "por favor mi amigo".

"First, Noah was scared but then Zippy says, "Please my friend"

Noah y Zippy convertimos amigos y Zippy pasó todo el verano con Noah en su casa.

"Noah and Zippy became friends and Zippy spent whole summer with Noah in his house."

Ellos están pasando todo el tiempo junto, Ellos están jugando, cocinando, dibujando y nadando también.

"They are spending all the time together. They are playing, cooking, drawing and swimming too."

A Zippy le gusta el sándwich de mantequilla de maní y le gusta saltar sobre la cama.

"Zippy likes peanut butter sandwich and likes to jump on the bed."

Después de algunos días Zippy empezó a extrañar a su familia, así que arreglaron su nave espacial junto.

"After some days Zippy started missing his family, so they fixed his spaceship together."

Zippy llevó a Noah con él para un viaje al universo.

"Zippy took Noah with him for a trip to the universe."

Ellos pasaron por galaxias y conocimos criaturas extrañas.

"They passed through galaxies and met strange creatures."

Zippy le enseñó a Noah a hablar con las estrellas y a bailar con la luna.

"Zippy taught Noah how to talk to the stars and dance with the moon."

Regresaron a la casa de Noah, Zippy abraza a Noah y dice, "Gracias por toda la ayuda y por tu amistad, adiós mi amigo."

"They returned to Noah's house, Zippy hugs Noah and says, "Thank you for all the help and for your friendship, bye my friend."

Zippy vuela hacia el cielo y el prometió visitar a Noah cada verano.

"Zippy flies into the sky and he promised to visit Noah every summer."

Dibuja la imagen de tu amiga alienígena

"Draw the picture of your alien friend"

¿POR QUÉ LA LUNA ESTÁ TRISTE?

“Why the moon is sad?

Una noche la luna se siente muy triste y es muy tranquila. Esta noche no está cantando.

"One night moon feels very sad, he is very quiet. Tonight he is not singing."

Todas las estrellas en el cielo están bailando y jugando juntos, pero no la luna.

All the stars in the sky are dancing and playing with each other, but not the moon."

Una estrella le dice a la luna, "Luna, canta una canción hermosa, por favor" pero la luna dijo, "no quiero cantar."

"A star says to the moon, "Moon sing a beautiful song please" but the moon said, "I don't want to sing."

El búho le pregunta a la luna, "¿Por qué no estás cantando y bailando esta noche?"

"The owl asks the moon, "Why you are not singing and dancing tonight?"

La luna dice, "Esta noche estoy muy triste y no quiero cantar."

The moon says, "Tonight I am very sad and I don't want to sing."

"Pero, ¿qué pasó, por qué estás triste?", el búho le pide a la luna.

"But, what happened, why are you sad?" the owl asks to the moon.

La luna responde, "Todos los animales y los humanos son amigos con el sol pero no conmigo."

The moon replies, "All the animals and humans are friends with sun but not with me."

El búho le pregunta a la luna con preocupación, ¿Por qué piensas eso?

"The owl asks the moon with concern, why do you think that?"

La luna comienza a llorar y dice, "Todos duermen cuando vengo en el cielo y se despiertan cuando el sol aparece en el cielo."

The moon starts to cry and says, "Everyone sleeps when I come in the sky and wakes up when the sun appears in the sky."

"Nadie quiere estar conmigo, nadie quiere ser mi amigo" La luna llora fuerte.

"No one wants to be with me, no one wants to be my friend" The moon cries loudly."

El búho dice, ¿Cómo puedes decir eso? eso no es correcto.

"The owl says, How can you say that? That is not correct."

Muy tranquilamente, el búho responde, "Todas las noches me despierto contigo y escucho tus canciones."

Very calmly the owl replies, "Every night I wake up with you and listen to your songs."

El búho continúa, "Todas las noches todos los niños te esperan. Te aman y te adoran. Esperan para escuchar tus canciones."

The owl continues, "Every night all the kids waits for you. They love you and adore you. They wait to listen your songs."

Todos los niños escuchan las historias sobre ti antes de irse a dormir.

"All children listen the stories about you before they go to sleep."

"Cada noche todos los animales nocturnos salen de sus casas para darte la bienvenida", el búho dice con una sonrisa.

"Every night all the nocturnal animals comes out of their houses to welcome you", the owl says with a smile.

"Todos son tus amigos. Nunca piensas que nadie es tu amigo", el búho dice.

"They're all your friends. You never think that no one is your friend" the owl says.

Después de escuchar todas las cosas del búho, la luna dejó de llorar y comenzó a sonreír.

"After hearing all the things from owl, the moon stopped crying and began to smile."

Cuando la luna comienza a sonreír, todas las estrellas se acercan a la luna.

"When the moon begins to smile, all the Stars come near to the Moon."

El búho dice, "Ahora, no estés triste y canta una canción para todos tus amigos.

The owl says, "Now don't be sad and sing a song for all your friends."

Encuentra las palabras

"Find the Words"

Night – Noche **Sad – Triste** **Star – Estrella**
Owl – Buho **Friend – Amigo** **Luna - Moon**

O	K	L	M	T	G	N	I	J	L
B	R	D	B	U	H	O	Y	S	V
D	X	I	L	P	L	C	K	N	B
A	F	J	L	L	A	H	T	E	W
G	W	E	T	P	L	E	U	V	C
S	R	Y	A	G	U	C	A	F	Z
J	P	F	G	D	N	Q	S	B	M
K	O	H	O	S	A	M	I	G	O
L	V	Y	P	L	G	C	S	D	P
E	S	T	R	E	L	L	A	S	W
I	I	H	U	J	P	F	V	M	A
A	L	M	T	R	I	S	T	E	P

Las Botas Arcoíris De Roy

Roy's Rainbow Boots

Había una vez en un pueblo muy lleno de color, allí vivido un chico se llama Roy.

"Once upon a time in a very colorful town, there lived a boy named Roy."

Roy es un niño muy feliz y divertido. Siempre está dispuesto a ayudar a los demás y es muy amable y curioso.

"Roy is a very happy and fun boy. He is always ready to help others and is very kind and curious."

A Roy le gusta mucho la naturaleza. Lo que más le gusta en la naturaleza es el arcoíris.

"Roy likes nature a lot. What he likes most in nature is the rainbow."

Un mañana él estaba ayudando a su madre a limpiar el ático.

"One day he was helping his mother to clean the attic."

Cuando estaba limpiando el ático, él **encuentra una caja vieja cubierta con las cintas de colores diferentes.**

"When he was cleaning the attic, he finds an old box covered with ribbons of different colors."

Él abre la caja y está muy **emocionado de ver un par de botas.**

"He opens the box and is very excited to see a pair of boots."

"Estas botas están brillando, estas son botas arcoíris" él dice con sorpresa. Roy usa las botas rápidamente.

"These boots are shining, these are rainbow boots," he says with surprise. Roy wears the boots quickly."

Estas botas pueden cambiar de color con cada paso que él toma.

"These boots can change color with each step he takes.

Roy no podía creerlo. Él **empezó a bailar. Él está muy feliz de encontrar estas botas.**

"Roy couldn't believe it. He started dancing. He is very happy to find these boots."

Muy felizmente, él sale su casa y empezó caminar alrededor de su pueblo.

"Very happily, he leaves his house and started to walk around his town."

Cuando Roy camina, el color de las botas brilla más, haciendo a todos alegres.

"When Roy walks, the color of boots shines brighter, making everyone cheerful."

Todas personas en el pueblo aprecian las botas de Roy.

"Everyone in the town appreciate Roy's boots."

Cuando ven las botas de Roy, ellos empiezan a aplaudir y a bailar con Roy.

"When they see Roy's boots, they start clapping and start dancing with Roy."

El pueblo está disfrutando también los colores arcoíris de las botas.

"The town is also enjoying the rainbow colors of boots."

Pero una mañana, Roy no puede encontrar sus botas arcoíris. Él las busca todos lugares.

"But one morning, Roy cannot find his rainbow boots. He looks for them everywhere."

Él **corre al pueblo y las busca, él busca debajo del árbol, al lado del rio, cerca del columpio.**

"He runs to the town and looks for them, he looks under the tree, beside the river, near the swing."

Después de algún tiempo, Roy ve sus botas en frente de casa de un hombre viejo.

"After sometime, Roy sees the boots in front of an old man's house."

El hombre viejo está muy feliz de tener esas botas en frente a su casa.

"The old man is very happy to have those boots in front of his house."

Con sonrisa Roy le hace ponerse las botas, convirtiendo su tristeza en felicidad de arcoíris.

"With a smile, Roy makes him put on the boots, turning his sadness into rainbow happiness."

¿Cómo se dice en Español?

How to say in Spanish?

Boots	....
Town	....
Rainbow	....
Nature	....
Attic	....

La Calabaza Magica

"The Magical Pumpkin"

En la noche de Halloween, Avu está jugando con sus amigos fuera de la casa en la calle.

"On Halloween night, Avu is playing with his friends outside the house on the street."

Él está vestido como un pirata y tiene una bolsa para dulces.

"He is dressed like a pirate and has a bag for candies."

Sus amigos están vestido como fantasma, momia, Príncipe y bruja.

"His friends are dressed as ghost, mummy, prince and witch."

Un poco lejos, Avu ve una Calabaza grande que brillaba como una estrella.

"A little far away, Avu sees a big pumpkin which was shining like a star."

Curioso Avu, camina hacia la dirección de la calabaza solo.

"Curious Avu, walk towards the direction of the pumpkin alone."

El tocó la calabaza y estaba sorprendido cuando la Calabaza habló.

"He touched the pumpkin and was surprised when the pumpkin spoke."

Hola amigo! Yo soy Pip, la Calabaza mágica. Esta noche, puedo darte un deseo. *¿Qué deseas?*

"Hello friend! I am Pip, the magical pumpkin. Tonight I can give you a wish. What do you desire?"

Avu le dijo a Pip, la calabaza mágica: "Quiero volar como un pájaro en la noche de Halloween.

"Avu said to Pip, the magical pumpkin, "I want to fly like a bird on Halloween night."

Con una mágica luz naranja, Pip convertía la noche de Halloween en una noche de magia.

"With a magical orange light, Pip turned Halloween night into a night of magic."

Avu está muy sorprendido y feliz, él no podría creer este momento.

"Avu is very surprised and happy he couldn't believe this moment."

Una escoba aparecía mágicamente y la Calabaza le dijo a Avu "Monta en esto mi amigo"

"A broom appeared magically and the Pumpkin said to Avu, "Ride on this my friend."

Avu y la calabaza se sentaron en la escoba. La calabaza le dijo unas palabras mágicas a la escoba.

"Avu and the pumpkin sat on the broom. The pumpkin said some magical words to the broom."

Después de esas palabras mágicas, la escoba empezó a volar.

"After those magical words, the broom started to fly."

Avu está volando alto en al cielo, él puedo ver su casa y a sus amigos abajo.

"Avu is flying high in the sky, he can see his house and his friends below."

Avu se siente asustado y feliz al mismo tiempo. En realidad está viviendo la noche mágica de Halloween.

"Avu feels scared and happy at the same time. He is actually living the magical Halloween night."

Avu le dijo gracias a la calabaza para esta experiencia bonita.

"Avu said thanks to the pumpkin for this beautiful experience."

La Calabaza dijo "Comparte esta felicidad con sus amigos y familias, y yo vendré próxima año con más magia y felicidad."

"The Pumpkin said "Share this happiness with your friends and family, and I will come next year with more magic and happiness."

Elija las palabras opuestas correctas

"Choose the correct opposite words"

Pequeño – Small

Cerca – Near

Noche – Night

Feliz – Happy

Día - Day

Triste - Sad

Grande – Big

Lejos – Far

¿QUÉ PASA, SI TENGO UN SUPERPODER?

"What, if I have a superpower?

Una mañana, Oliver se despierta muy temprano.

"One morning, Oliver wakes up very early."

Oliver dice: "¡Qué mañana tan maravillosa!". Hoy se siente muy diferente pero bien.

Oliver says, "What a wonderful morning!" Today he feels very different but good.

Él va a su perro y está sorprendido encontrar que puede entender lo que dice su perro.

"He goes to his dog and is surprised to find that he can understand what his dog is saying."

Al principio no entiende. Él pensó, "¿Cómo puedo comprender la lengua de animal?"

At first he does not understand. He thought, "How can I understand animal language?"

Se da cuenta de que ha obtenido este superpoder. Él puede hablar con los animales realmente.

"He realizes that he has obtained this superpower. He can really talk to the animals."

Primero, Oliver no podía entender qué hacer con este poder.

"At first, Oliver couldn't understand what to do with this power."

MILK PLEASE...
GOOD MORNING!
HAPPY

Entonces fue a su gato y le dijo: "Buenos días Felicia." El gato le respondió a Oliver: "Buenos días, ¿puedes llenar mi bol con leche? por favor, tengo hambre"

"Then he went to his cat and said, "Good morning Felicia." The cat responded to Oliver, "Good morning, can you fill my bowl with milk? Please I am felling hungry."

"Claro Felicia, aquí está, disfruta de la leche" dice Oliver.

"Sure Felicia, here it is, enjoy the milk" Oliver says.

Próximo, Oliver fue al jardín y le preguntó al pájaro: "¿Cómo está todo allí arriba?"

"Next, Oliver went to the garden and asked the bird, "How is everything up there?"

El pájaro dice: "Hace viento aquí. Tú debes volar a veces conmigo."

The bird says, "It's windy here. You must fly with me sometime."

En su camino se encuentra con un cerdo, le preguntó al cerdo: "¿Por qué te gusta jugar en el barro?"

On his way he meets a pig, he asked the pig, "Why do you like to play in the mud?"

El cerdo responde: "me siento fresco en el barro, me lo hace feliz."

The pig answers, "I feel cool in the mud, it makes me happy."

Después unos minutos una ardilla le dice: "vamos a buscar una bellota juntos" y juntos encontramos una bellota perfecta.

After some time a squirrel says to him, "let's find an acorn together" and together we found a perfect acorn.

Durante toda tarde Oliver escucho y ayudo todos animales en su camino. Él está muy contento con este superpoder.

All afternoon Oliver listened and helped all animals on his way. He is very happy with this superpower.

Más tarde, Oliver escucha una voz preocupada desde el árbol cercano.

Later, Oliver hears a worried voice from a nearby tree.

Un pajarito se ha caído de su nido y la mamá pájaro está llorando para ayuda.

A baby bird has fallen from its nest and mumma bird is crying for help.

Con mis nuevos amigos animales, nosotros trabajamos juntos para llevar al pajarito de regreso a su hogar.

With my new animal friends, we worked together to lift the bird back to its home.

Todos los animales están muy contentos y están aplaudiendo.

All the animals are very happy and are clapping.

Me siento como un verdadero superhéroe, no detuve a las personas malas pero ayudé a los animales.

I feel like a real super hero. I did not stop bad people but I helped the animals.

Hoy, entiendo, ¡a veces el mejor superpoder es la capacidad de ayudar a los demás!

Today, I understand, sometimes the best superpower is the ability to help others!

Yo soy un Superhéroe

"I am a Superhero"

Mi superpoder es "My superpower is"	**Como uso mi superpoder** "How I use my superpower"
______________________	______________________
______________________	______________________

Una noche debajo de las estrellas

"A night under the stars"

Muy lejos en el bosque entre todas las montañas. Oscar, el oso, tiene una cabaña pequeña.

Very far in the forest between the mountains. Oscar the bear has a small hut.

A Oscar le gusta su vida en el bosque, le gusta mucho el olor de bosque. Lo encuentra fresca y calmante.

Oscar likes his life in the forest, he likes the smell of forest a lot. He finds it fresh and calming.

Oscar tiene poco amigos. Pasa la mayor parte del tiempo dibujando las estrellas y leyendo sobre las constelaciones.

Oscar has few friends. He spends most of the time in drawing the stars and reading about the constellations.

Le fascinan mucho las estrellas y constelaciones. Su forma y formación le atrae.

"He is fascinated about the stars and constellations a lot. Their shape and their formation attracts him."

Un día, Oscar decidido pasar un noche bajo de las estrellas.

One day, Oscar decided to spend a night under the stars.

Él **lleva su mochila y sale de su cabaña en busca de un lugar bueno.**

He carries his bag and leaves from his hut in search of a good place.

Él llega a **un hermoso y encuentra un roble gran cerca del lago.**

He reaches to a beautiful lake and finds a big oak tree near the lake.

Oscar se sienta debajo del árbol y saca un papel y un lápiz de su mochila.

Oscar sits under the tree and take out a paper and pencil from his bag.

La noche es muy calma y las estrellas brillan como los diamantes.

The night is very calm and the stars shines like diamonds.

Oscar puede ver todas las estrellas brillantes en el cielo y comienza a dibujar las constelaciones en su papel.

Oscar can see all the shining stars in the sky and starts to draw the constellations on his paper.

Después de una hora, se acuesta en la suave cama de hierba y mira a las estrellas en el cielo.

After an hour, he lies down on the soft bed of grass and looks at the stars in the sky.

Oscar se siente muy feliz. La luz de la luna en el lago crea una vista mágica. El lago brilla y se ve muy hermoso.

Oscar feels very happy. The moon light on the lake creates a magical view. The lake shines and looks very beautiful.

Cada estrella está brillando diferente y contando historia diferente.

Each star is shining different and telling a different story.

Se siente la brisa fría en su cuerpo. Los árboles se mueven con la brisa.

He feels the cold breeze on his body. The trees moves with the breeze.

Las flores están difundiendo su olor dulce en el aire.

The flowers are spreading their sweet smell in the air.

Oscar se siente que el bosque ha cobrado vida y el bosque también disfrutando las estrellas con él.

Oscar feels that forest has come to life and it is too enjoying the stars with him.

Oscar ve las constelaciones diferentes y las formas de las estrellas como animales y criaturas.

Oscar sees the different constellations and the shapes of the stars as animals and creatures.

Oscar sabe que este es al mejor momento de su vida.

Oscar knows that this is the best moment of his life.

¿Cómo se dice en Español?

How to say in Spanish?

Mountains - ....

Diamonds - ....

Constellation - ....

Sky - ....

Breeze - ....

La Increíble Aventura de Eva

"The Incredible Adventure of Eva"

Eva vive en un pueblo pequeño cerca del bosque muy verde. Ella es una persona muy inteligente y aventurera.

Ava lives in a small town near the very green forest. She is a very intelligent and adventurous person.

Ella tiene una mascota, un perro. El perro es de color naranja y amarillo.

She has one pet, a dog. The dog is of color orange and yellow.

Eva y su perro siempre están juntos. Ellos siempre caminan dentro del bosque.

Eva and her dog always stays together. They always walks inside the forest.

A Eva le gusta caminar en el bosque. Ella lo encuentra muy misterioso y lleno de sorpresas.

Eva likes to walk in the forest. She finds it very mysterious y and full of surprises.

Cuando ella va al bosque, descubre una criatura nueva cada vez.

When she goes in the jungle, she discovers a new creature every time.

Una tarde hermosa, Eva piensa ir a la aventura.

One beautiful afternoon, Eva thinks to go for the adventure.

Ella le dice a su perro: "Este bosque es muy interesante, ¿te gustaría ir a la aventura en el bosque?"

She says to her dog, "This forest is very interesting, would you like to go for the adventure in the forest?"

El perro de Eva corre hacia el bosque de acuerdo y Eva también corre detrás de él.

Eva's dog runs towards the forest in agreement and Eva also runs behind him.

Durante su aventura, ella ve una calle muy verde y llena de flores misteriosas.

During her adventure, she sees a very green street and is full of mysterious flower.

Eva empieza a pasear por esa calle con su perro. Con cada paso que da, la flor misteriosa comienza a brillar.

Eva starts to walk on that street with her dog. With her every step the mysterious flower starts to shine.

Al final de la calle, Eva ve una puerta pequeña detrás de los hongos rojos.

At the end of the street, Eva sees a tiny door behind the red mushrooms.

Con corazón valiente, ella llama a la puerta pero nadie responde.

With brave heart, she knocks on the door but no one answers.

Después unos minutos, abre la puerta. La puerta es un poco dura y pesada.

After some minutes, she opens the door. The door is little hard and heavy.

Cuando la puerta se abre, ella ve un bosque mágico en su interior. Ella no puede creer sus ojos.

When the door opens, she sees a magical forest inside it. She can not believe her eyes.

Este bosque es completamente diferente al mundo original. Aquí todo es mágico.

This forest is completely different from the original world. Here everything is magical.

Aquí el cielo es rosado, los animales están hablando, el rio es azul, los arboles están jugando y hay los flores muy diferente.

Here the sky is pink, the animals are talking, river is blue, trees are playing and there are very different flowers.

Estas flores están hablando con algunas criaturas que son como duendes y están bailando juntas.

These flowers are talking with some creatures who are like elves and they are dancing together.

Todas las criaturas miran a Eva con sorpresa. Le dan la bienvenida a Eva a su bosque con una sonrisa.

All the creatures looks towards Eva with surprise. They welcomes Eva to their forest with a smile.

Todos los animales, árboles, **criaturas, flores se acercan Eva y le dicen: "Ven a bailar con nosotros."**

All the animals, trees, creatures, flowers comes closer to Eva and ask her, "Come dance with us."

Eva se siente muy contenta de estar en este bosque mágico y comienza a bailar con esas criaturas.

Eva feels very happy to be at this magical forest and starts to dance with those creatures.

Pronto, ella ve que la puerta del bosque mágico se está cerrando.

Soon, she sees that the door of the magical forest is closing.

Eva corre hacia la puerta y dice: "Adiós mis amigos misteriosos, siempre los recordaré **a todos."**

Eva runs towards the door and says, "Goodbye my mysterious friends, I will always remember you.

Elige los adjectivos correctos

Choose the correct adjectives

Mysterious	-	**Aventurero**
Adventurous	-	**Inteligente**
Intelligent	-	**Misterioso**
Beautiful	-	**Mágico**
Magical	-	**Hermosa**

El Arcoíris Mágico

"The Magical Rainbow"

Hoy, puedo ver algunos colores mágicos en el cielo desde mi ventana.

Today, I can see some magical colors in the sky from my window.

Estos colores aparecen en el cielo después de la lluvia.

These colors appear in the sky after the rain.

Los colores son brillantes y hermosos. Los hay violeta, índigo, azul, verde, amarillo, naranja y rojo.

The colors are bright and beautiful. There are violet, indigo, blue, green, yellow, orange and red.

Primero veo el color violeta, como una cometa hermosa.

First I see violet color, like a beautiful kite.

¡Siento que el violeta es el color de la creatividad!

I feel, violet is the color of creativity!

Luego viene el índigo como una piedra preciosa.

Then comes indigo like a gemstone.

¡Siento que el índigo es el color de la imaginación!

I feel, indigo is the color of imagination!

Después del índigo, veo el a**zul, como una mariposa.**

After indigo, I see blue, like a butterfly.

¡Siento que el azul es el color de la inspiración!

I feel, blue is the color of Inspiration!

Entonces veo el verde, como los árboles y la hierba.

Then I see green, like trees and grass.

¡Siento, el verde me da frescura y calma!

I feel, green gives me freshness and calmness!

Después del verde veo el amarillo, como las flores en primavera.

After green I see yellow, like flowers in spring.

¡Siento que el amarillo es el color de la amistad!

I feel, yellow is the color of friendship!

Más tarde, veo naranja, como el sol de la tarde.

Later, I see orange, like the evening sun.

¡Siento que el naranja trae paz y alegría!

I feel, Orange brings peace and joy!

Finalmente, veo rojo, como una manzana jugosa.

Finally, I see red, like a juicy apple.

¡Siento que el rojo es el color de la felicidad!

I feel, red is the color of happiness!

Le pregunto a mi madre, ¿Cómo se llama esto?

I ask my mother, what is this called?

Mi madre dice: "¡Es un Arcoíris, mi amor!"

My mother says, "It's a Rainbow my love!"

Escribe las palabras en Español

"Write the words in Spanish"

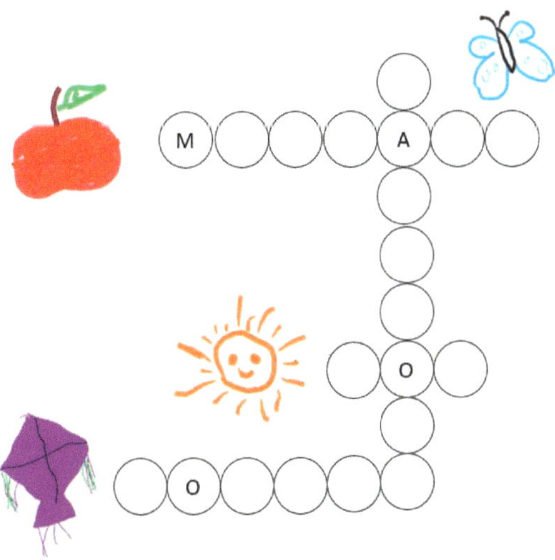

I want to say thank you to my biggest support and the illustrator of this story, my 7 years old son Avyaan Malik

www.ingramcontent.com/pod-product-compliance
Ingram Content Group UK Ltd.
Pitfield, Milton Keynes, MK11 3LW, UK
UKHW060358300726
14090UKWH00001B/1

* 9 7 9 8 8 9 7 4 4 8 8 4 5 *